AF607309
AVERSO

EL HÚSAR MELANCÓLICO

José Luna Borge

Número 40 de la Colección **AVERSO POESÍA**

El húsar melancólico

Edición al cuidado de Averso Poesía
www.aversopoesia.com

Primera edición: noviembre de 2024
ISBN: 978-84-10027-48-0
Depósito Legal: GR 1546-2024

Imagen de cubierta: *Una tarde de enero en el bosque de La Haya* (1875) de Louis Apol

Impreso en España - *Printed in Spain*

El papel utilizado para la impresión de este libro está calificado como papel ecológico y procede de bosques gestionados de manera sostenible.

EL HÚSAR MELANCÓLICO

José Luna Borge

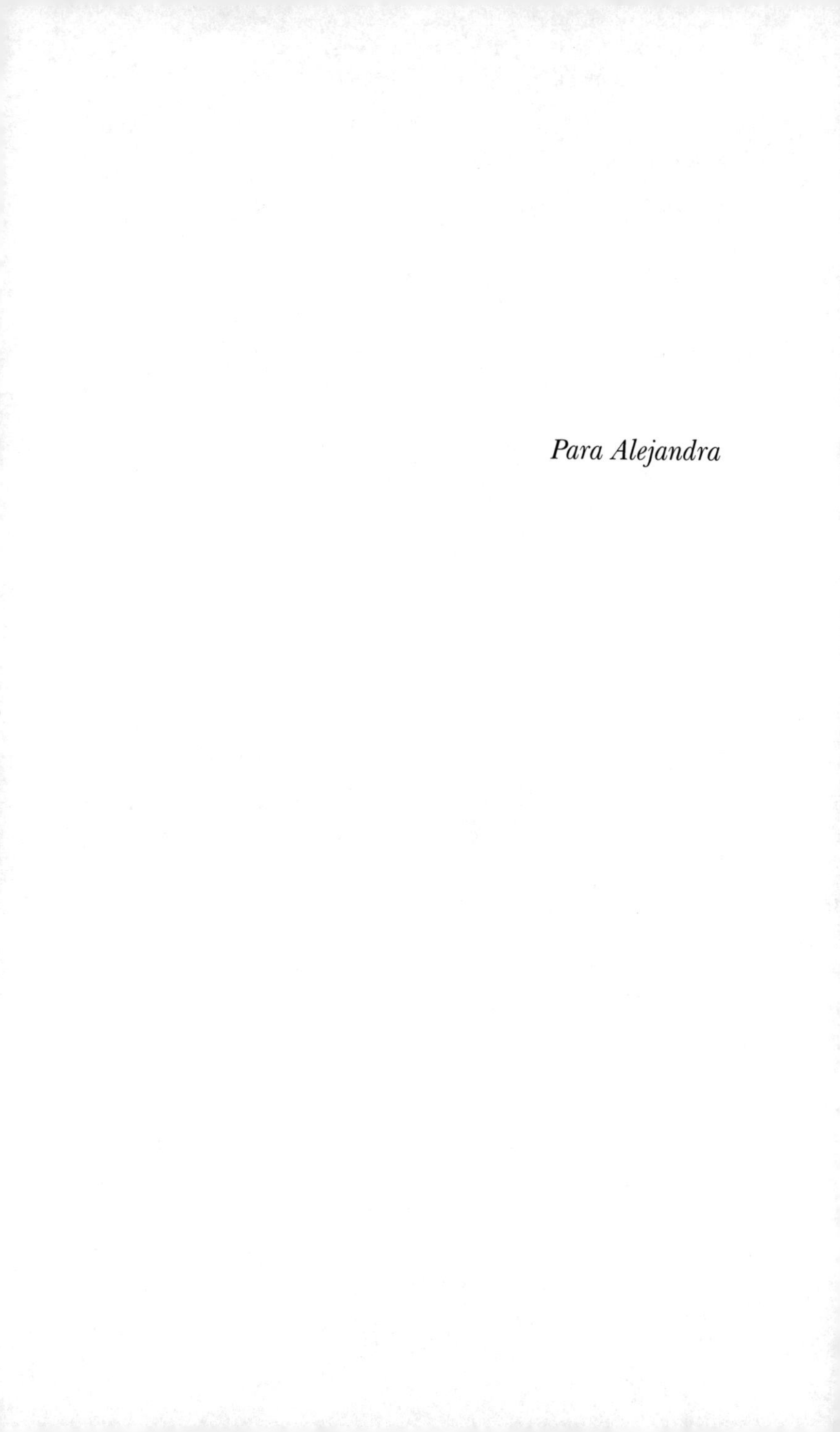

Para Alejandra

La nada cotidiana

Mirar pasar la vida con los ojos
de un niño convencido de que nada
tiene más importancia que las cosas
que pasan ante nosotros a diario.
Lo pequeño,
                lo mínimo,
                                la nada
cotidiana que teje nuestros días.

No esperar grandes cosas, lo importante
se nos dio y es preciso agradecer
lo que fuimos hallando en nuestra senda.
A veces el azar fue un raro cómplice
en un ir y venir de vino y rosas.

Ya casi nada importa y es así
como ha de ser, vivir con dignidad
y ver a los turistas de paseo
que recorren inquietos la ciudad,
buscando todo aquello que buscabas,
perdiéndose por calles y postigos.

El misterio del tiempo

El misterio del tiempo
¿Qué misterio?
                    me digo,
si tu amor fue un momento
y ya no estás conmigo.

Lejos

Si en estas soledades me pasara
algo, ya no podría despedirme
de tanta maravilla que he encontrado.

No volvería a ser Nicolasillo
Pertusato ni a entrar en las Meninas
a jugar con el perro y con María
Bárbola y su graciosa desmesura.

Faltaría a la cita en el corral
con el jilguero cantarín que viene
a visitarme por las tardes mientras
siego la hierba.
                    Nunca más oiría
ese prodigio de las *Variaciones*
Goldberg o la *Sonata en si bemol*
mayor, inacabable adiós de Schubert,
ni el mar de Salobreña y sus gaviotas...

Tanta belleza que la vida puso
en mis días se irá sin un adiós.

Golondrinas

Junio avanzaba en su carrera cuando
llegaste. Nadie te esperaba,
                                                    sólo
las sabias golondrinas se entregaban
a un parlamento mágico posadas
en las antenas vecinales.
                                                    Eran
las del año pasado, que querían
saludarte.
            La casa estaba en calma,
abriste las ventanas y fue entrando
su alegre melodía y esa luz
nueva de junio que abre las estancias.

Viejos pagos

Valdeave, Valdeuntrigo, el Socamino,
el Picón de la Boza, las Perdices...
viejos nombres de pagos ancestrales
de avenas y cebadas bien cumplidos
—el Cuervo, los Majuelos, la Caseta
don Gerardo, la Huerta el hospital,
Torramiro, el Rosario, Cantarranas...—
que cegaron tus ojos infantiles
cuando ibas a la siega con tu padre.

Testigos

Se recuerdan momentos de la vida
(perdidos en caminos nebulosos)
que pensamos que nunca sucedieron.
El viento fue borrando aquellas horas
con un manto de polvo que las cubre
en perdidos estratos inconexos.

Pero, un día,
                    otro viento las descubre
y vuelven a nosotros con su brillo
primero y las miramos deslumbrados
comprobando, entre dudas y certezas,
que aquél fuimos nosotros.

                                        Un extraño
que en nada se parece al que ahora somos.

Lo mejor para todos

Entran y salen seres invisibles
con un naufragio líquido en los ojos.
Son seres de desgracia con dinero
que llegan con familias presurosas
y bolsos dando besos sonajero.

Predominan las madres sorprendidas,
las dejan tan calladas,
                                        por su bien,
con un «aquí estarás igual que en casa»,
como tristes maletas de otro tiempo.

Recuerdo a Robert Walser,
cuando del brazo de su hermana Lisa,
la hermana más querida,
se acercaron a la puerta
del sanatorio de Waldau:
se detienen y miran en silencio,
al rato le pregunta Walser:
«¿Crees que es lo que debemos hacer?».
«Sí, esto es lo mejor para todos», dice Lisa.
«Bueno —responde Walser— pues entonces
entremos».
                              Pero aquí no les preguntan
nada, firman papeles duplicados,
y los dejan con besos escleróticos
en una sociedad de solitarios
que se pierden por límpidos pasillos.

Se fueron

Los buenos días perdidos
nadie sabe dónde están.
Llegaron con su afán y
sin darnos cuenta se han ido.

La lluvia

La lluvia lleva la pena
de un corazón malherido.
Ella será mi condena
cuando ya no estés conmigo.

El colegio

Íbamos al colegio casi al alba,
un viejo caserón a las afueras
del pueblo con portones ya vencidos,
añosos y una huerta de colores.

Recuerdo aquella calle adormecida
de un frío interminable en los inviernos
—la nieve nos llegaba a las rodillas—
de un calor picajoso en los veranos.

Las fiestas y concursos eran épicos:
armónicas, laúdes y bandurrias
competían audaces en las aulas,
había en las carreras velocistas
y diestros corredores solitarios.

Las clases eran mesas de tristeza
compartida y ventanas celestiales
que daban a un recreo de paredes
de adobe.
               Entre estudios y plegarias
allí nos enseñaron a mirar
la vida con piedad y a mantenerla
como si fuera un don que se nos diera
sin otra condición que ser felices
dejando que lo fueran los demás.

Recuerdo aquellos días tan perdidos,
el camino, las calles fantasmales…
Alguna casa queda tal cual era,
allí sigue el colegio medio en ruinas
con su patio y su huerta abandonados,
los portones cerrados y en silencio.

Sólo fábula

¿A dónde va el amor cuando se acaba?
o ¿es que no vino nunca,
es sólo fábula?

Fuente

Agua que nace y sigue
las grietas y quebradas de la tierra.
Pequeño hilo de vida
que corre ciega
sin poder remediarlo hacia su fin.

Encuentro

Recuerdo la quietud de los jardines
de aquel atardecer en Amriswil,
viejo rincón de tres países,
tan cerca de Constanza,
con Santiago.
Los pasos nos llevaron al Rheinfall,
rugiente salto de agua que a pesar
de su esplendor no vuelve, no regresa.
Santiago se apartó un momento
y solo
miraba ensimismado aquel prodigio,
no sabía que un salto parecido
le estaría esperando sigiloso,
lejos de aquel encuentro, en un recodo,
siniestro, agazapado, del camino.

Tanto empeño

¿Para qué tanta vida que se fue?
¿Para qué tanto empeño, tanto afán?

Cuando llegan los días de infortunio,
todo ello marcha lejos,
                                        sin nosotros,
se lleva lo que fue un reino de sueños
dejando en nuestras manos abatidas
un permanente hueco de abandonos.

Las lámparas del tiempo

Para Pablo A. Escapa

La vida nos arrastra a la frontera,
al *limes* de un imperio que es de humo,
ese muelle de brumas tan lejano
que llega y está ahí sin avisarnos.

Ya casi nada queda,
solo tú con la vida y el pasado
que vuelve y se hace grande de repente,
después de la visita a aquella casa
abandonada en la memoria.
Sin embargo, no habías apuntado
nada de aquellos días
en la usada libreta que llevabas
siempre contigo,
                              de la misma forma
que evitamos trazar las circunstancias,
los elementos íntimos de nuestra
vida por la sospecha de que cuando
están bien recogidos en papel
ya no nos pertenecen.

Hay centinelas apostados
en las encrucijadas del camino
como ciertos testigos que no olvidan,
sombras de la memoria que nos siguen,
recuerdos presos,
                              nombres
quietos, acechantes
que el tiempo no elimina por completo.

Cuando nos asomamos al ayer
sentimos una rara sensación
si tenemos en cuenta aquellas lámparas
que se nos olvidó apagar en sitios
a los que nunca regresamos.

Es después,
                    muchos años después,
cuando intentamos descifrar
las señales en morse que nos llegan
desde lo más profundo del pasado
de aquel oscuro informador
que se perdió en la niebla.

No hay que dejar nunca de enviar señales,
es como si los años hubieran consumido
las lámparas aquellas que sirvieron.

Es curiosa la forma
en que algunos detalles de la vida,
que no logramos ver en el momento,
los descubrimos veinte años después
como cuando miramos una imagen
antigua familiar y un rostro
y objetos olvidados hasta entonces
nos saltan a la vista.

A veces escribimos versos
para dar con las líneas de fuga necesarias
y escapar por las cárcavas del tiempo.

NIEVE EN LA HIGUERA.
En la rama un jilguero,
lluvia de estrellas.

Huellas frescas

La nieve se deshace lentamente
por el camino viejo que recorro
cuando salgo a pasear.
Ayer me sorprendieron huellas frescas
de algún madrugador aventajado,
un lobo sigiloso que buscaba
solitario un aprisco en estos pueblos
olvidados de todos, tan perdidos.

Despedida

Adiós amigos todos, van llegando
esas horas violeta de la tarde
en que nos alejamos lentamente
con terca mansedumbre, sin dolor.

Adiós dulces amantes invisibles
en queridas ciudades orvalladas,
el tiempo se dormía en nuestros brazos
y estábamos allí como en un sueño.

Adiós ríos, adiós sendas pequeñas,
trigales y labores congelados
en el tiempo de un pueblo y su memoria
que brota como el agua de una fuente.

Nos vemos, compañeros imposibles,
amigos a quien amo,
                                        adiós a todos
que todo lo demás es triste lloro.

Los pasos que nos llevan

Qué secreta es la calle de los años,
acoge lo que fuimos con sus días,
lo guarda y lo mantiene a buen recaudo.
Podemos recorrerla nuevamente
con pasos solitarios que el recuerdo
nos regala.
                El tiempo va dejando
un rastro imperceptible que se borra
al rato convirtiéndonos en sombras
errantes por la calle de los años.
¡Qué olvidados los pasos que nos llevan!

Sin visado

Para Miguel d'Ors

Ahora que el vuelo es corto
y va uno de caída,
                    sin caer
en la cuenta

de que el cuento se va acabando,
se aplica uno a contemplar su estado
—viejo, engañoso sueño
que cuando quiere viene a visitarte—
y comprueba que no tiene visado
para franquear ciertas fronteras.

Sólo el recuerdo llega en nuestra ayuda,
te trae lo que eras en tiempos de duda,
las voces con sus luces, los caminos
—lo peor eran los cruces—
                              y todo lo que fuimos
entonces,
          cuando el día de mañana
importaba tan solo a los mayores.

Pero ese lerdo engaña como un chino
y hay que jugar con él con mucho tino.

Un mal viento

Para Santiago Luna Borge
In memoriam

Tuvo un vivir sin rumbo ni argumento,
su más fiel sextante y gobernalle
era la aguda rosa de los vientos
y un corazón cumplido de ilusiones.

De chaval era inquieto e incansable,
la calle fue su reino y los amigos
el centro de la vida en aquel pueblo
que sería su cielo y su condena.

Pero se fue en silencio, nada dijo,
«Volver, que vuelvan otros» comentaba.
El pueblo fue un recuerdo y la familia
un fuego que dio luz entre las brumas.

Trabajó aquí y allá buscando un sueño,
poco a poco hizo amigos y encontró
aquel lugar que siempre le esperara.
Allí estaban sus días de fortuna,
esos días que a veces aparecen
sin aviso y colocas en la puerta
un puñado de espigas y laureles
por si la suerte piensa abandonarnos.

No contó a nadie sueños y proyectos,
ni las guerras y noches necesarias
para alcanzarlos, nadie supo nada.

La amistad y el amor fueron su abrigo,
pero el amor se le iba de las manos
sin poder atracar en ese puerto,
puerto de brumas breves y borrascas
de largo recorrido, disuasorias.

Se echó al camino con su breve hatillo
sin calcular atajos ni celadas
y le alcanzó la sombra con su astucia.
Llegó un mal viento un día inesperado,
esos que saltan raudos y te borran
sin más contemplaciones.
Le hizo frente
con decisión y rabia, renegando
de la vida, maldijo su mal fario,
pensaba que aún tenía muchas cosas
por hacer, viejos sueños olvidados…
La sombra lo alcanzó en esa carrera.

Abrazando sombras

Para Avelino Fierro

Qué pronto se hace tarde
y qué poco llegamos a saber
de la gente que amamos,
con la que compartimos nuestros días
y la vamos perdiendo en el camino.

Quedamos abrazando sombras,
con los brazos abiertos a la nada
en mitad de la noche.

A veces

A veces renunciar es lo que hay
que hacer. Perdemos dulces paraísos
que no lo parecían en aquellos
días de vino y rosas,
                                        nos sentaba
mal el vino y las rosas eran flor
de un día en manos torpes y con prisas.
Lo perdido es lugar de vientos recios
donde el regreso es arduo y no conviene.

Pero a veces no sabes cómo llega
la renuncia, por qué oscuros caminos
un día se presenta en nuestra casa
con una invitación al viaje incierto,
y partimos,
                        partimos sin saber
adónde ir.
                    A veces ignoramos
lo que importa, qué puertos o qué playas
esperan nuestros pasos ya cansados.

Quizá lo que nos quede sea tan solo
un inquietante muelle de las brumas.

Memoria de un instante

Aquella carne tersa y escondida
le pareció un milagro al sorprendido
chaval que contemplaba deslumbrado
una mullida mata entre las ingles,
negra y crecida en rizos charolados.

Fueron unos segundos los que estuvo
mirando ese prodigio sin decir
palabra,
mudo,
inmóvil,
fascinado.

La puerta a medio abrir dejaba entrar
una franja de luz sobre los muslos
sorprendidos dejando imaginar
el nacimiento negro de un abismo
que tardaría tiempo en descifrar.

Ciego de luz y sombras, abandonó
raudo el lugar,
entonces no sabía
que aquel instante eterno iba a ser
su inquietante memoria de la carne.

Viejos tiempos

Para A. P.

Durante mucho tiempo
estuve allí esperando
(un poco bobo, ahora lo veo).
Te esperé como nadie
te esperara,
por bares habituales
y cines cómplices,
por los jardines
de un parque que era un campo franciscano
(o eso creo).
Te esperé bajo la lluvia
(danzando sin cesar)
por plazas céntricas y esquinas ávidas,
era una espera solo
(y me moría).

Sin esperanza ni convencimiento
partí muy de mañana
(la del alba sería)
—una manguera terca y sindical
baldeaba la calle—
dejando mis cuidados
—daba igual—
entre las manos frías y durmientes
de una ciudad heroica y displicente.

En algún lugar

Todo lo que vivimos
no lo habrá de borrar el raro tiempo,
la terca lluvia ni los pasos ciegos
que tendremos que dar.
                                                  Aquellas lumbres
prendidas en rincones olvidados
de la memoria
                                    han de permanecer
en algún sitio cierto que no vemos.

Entonces nos comíamos el mundo
con la inocente audacia de esos
años en que uno vive de milagro
en milagro tocado por la magia
de la vida que estaba a nuestro lado.

Aquel verano en Heidelberg buscando
un camino que nunca encontrarías.
Los viajes con Odyl, de luz radiante,
a playas y caminos escondidos.
Aquella tarde de hace muchos años
bailando muy abrazados y desnudos
en la penumbra dulce y desmayada
de un piso de alquiler que ya no sabes.
O las puestas de sol desde un Peñón
meridional en tardes que se fueron.

Zurciendo las tardes

Para Susana

La recuerdo cantando coplas mientras
hacía las labores: *Ojos verdes, Tatuaje,*
La bien pagá, Romance y valentía…
la tragedia en la arena de un chaval
de inclusa y de convento que inundaba
de lágrimas sus ojos soñolientos.

Era sentimental y a su manera
amaba a quien la amaba y la emoción
era el motor del mundo en que vivía.
Debieron ser aquellos sus mejores
años, sus años más afortunados,
aquellos en que vistes los mejores
laureles que la vida te concede
y compruebas sin pena y sin temor
que la felicidad es el estado
de ánimo que parece no querer
abandonarte.
                              Era de ojos tiernos,
inundados de un halo transparente
que hablaban y decían al mirar.
Era un mirar de dulce y suave espera
el suyo y aprendió a esperar sin tregua.
Siempre a la espera zurciendo las tardes,
aguardando en su hueco de silencio
que fue levantando en aquella casa,
un castillo interior de soledad
cumplido.

La recuerdo sola cuando
en vacaciones regresaba a casa
y, después de los besos, sus «Estás
muy delgado, pareces transparente».
Reía y se enfrascaba en sus afanes.

Cada noche esperaba a que mi padre
retornara del campo: «Nunca está
en casa, pero cuando llega da
mucha sombra —decía— vuelve siempre
con la puesta del sol».

Se fue quedando sola,
no quería
moverse de su casa y marchó pronto.
Solitaria, se fue dejando ir
en manos de la noche destemplada.

Cuatro pasos

I

No le digas a nadie
lo mucho que te he querido.
Las palabras en el aire
se las llevó un viento frío.

II

Se fue el amor un buen día
haciendo un largo camino,
el mismo por el que vino
sin saber dónde venía.

III

Te dije que te quería
y no hiciste caso alguno.
El amor se fue en porfías
y no fuiste pa ninguno.

IV

No nos volvimos a ver,
me fui de aquella ciudad.
No podrás nunca saber
cuánto tuve que olvidar.

Abandono

Para M. Luz Juanes

Cuando cerré la casa, bien entrado
el otoño,
dejé las flores solas en el patio.
Aquella flores
                    —lirios, pensamientos,
geranios— del verano
que tanta compañía me dieron esos días.

Las eché un poco de agua y recogí
las hojas secas.
                    Me quedé mirándolas
un rato,
          un suave aire las movía
al despedirme de ellas
                              al partir.

«Ya estarán muertas» —digo desde lejos.
Se habrá ido mitigando entre las manos del tiempo
tanta belleza fría peinada por el viento.

El húsar melancólico

Para Antonio Manilla

Regresaba del campo con la noche
a cuestas
—y la nieve en los hombros—,
como una estampa antigua.

Al amparo del fuego, en la cocina
se iba quitando,
palpitante,
entera,
su pesada panoplia de guerreo,
las ajadas manoplas, el angosto
pasamontañas con sus huecos
como una oscura cota
y el tapabocas tinto por la escarcha;
los leguis y las botas con rebordes
de badana y hebillas con remaches
—como un húsar recién dejada su montura—
y aquellos calcetines que le hiciera la abuela
con cuatro agujas y ardua lana virgen.

Se sentaba en silencio y extendía las manos
a un fuego fiel que siempre estaba vivo.

Permanecía callado
en el sillón vencido, descifrando su sombra.

Empeño

¿Para qué tantas cosas que se fueron?
¿Para qué tanto empeño, tanto afán?

Cuando llegan los días de infortunio,
la vida marcha lejos,
                                        sin nosotros,
se lleva lo que fue un reino de sueño
dejando en nuestras manos abatidas
un permanente hueco de abandonos.

Cuerpo habitado

A veces una cara
se presenta de un modo fugitivo.
Recuerdo, sin embargo, bien sus ojos,
la forma de sus labios y los dientes que asoman
al reír,
            pero nada forma un todo
como era: tierno, suave, memorable.

Miro ese rostro e intento que no marche,
sonríe, como entonces, y parece
querer decirme algo que no entiendo.

Se van los rasgos de quienes amamos
y todas las historias que quedaron pendientes.
Pero esos ojos vagabundos siguen
mirándome a través de calendarios,
un tiempo sin historia que no importa.

Historias de vida

El lento desnudarse de dos cuerpos
tendidos —si es recíproco el despojo—
dibuja el territorio del deseo.
El deseo de todos los amores
inacabados de la juventud.
Viejos amores rotos cuyo empuje
en el recuerdo a veces nos convence
de que se habrían realizado.

No hablo de simples historias de piel,
son historias de vida que perduran,
las miro desde aquí, desde estos días
de aguacero
                y recuerdo bien que entonces
no podía mirar aquellos cuerpos
sin que tanta pasión llegara al llanto.

Filigranas

Cayó la rosa.
Sus pétalos volaron por el aire
como velas hinchadas de una nave
sin rumbo, dibujando filigranas.

En silencio

Para Francisco Gómez Domínguez

Suelo ir a verlos antes de marchar,
me gusta acompañarlos un instante,
estar allí con ellos
                              silencioso,
pensando en todo aquello que les debo,
en lo que pude hacer y nunca se hizo
por esas prisas torpes de los jóvenes.

Limpio sus nombres fríos y compruebo
las fechas de los tres
para que no se mezclen y se pierdan
en la memoria.
                              Quito las agujas
del ciprés que está al lado,
                                          junto al pozo,
que en pequeños montones festonean
el mármol y me asombra
que un día les metiéramos allí
y que ahora no haya nada,
                                          solo polvo
y el hueco de una ausencia irreparable.

Les cuento que no sé lo que me queda
por andar, que la vida se va rápido
y uno,
            ya torpe,
                            marcha un poco a tientas.

Musito rezos que ella me enseñó
recordando sus caras y sus gestos,
palabras compartidas y sonrisas
cómplices en momentos memorables.

Todo acude en volandas al recuerdo
y estoy solo con ellos
                                        y la sombra
que se alarga en la tarde ya vencida.
La vida es un sueño que no saben:
ya el tiempo se ha dormido en su regazo.

ÍNDICE

Este libro se terminó de editar en Granada
en noviembre de 2024 por

www.aversopoesia.com
hola@aversopoesia.com